AS MENTIRAS QUE VOCÊ ACREDITA NO MERCADO FINANCEIRO

Preparo de originais:
Gabrielle Antunes
Revisão:
Gabriel Branco

Diagramação:
Cintia Rodrigues
Capa:
Ygor Moretti

Catalogação na publicação
Elaborada por Bibliotecária Janaina Ramos – CRB-8/9166

R375m

    Reis, Clauber

    As mentiras que você acredita no mercado financeiro / Clauber Reis. – Rio de Janeiro: Ases da Literatura, 2024.

      72 p.; 14 X 21 cm

      ISBN 978-65-5428-677-0

    1. Negócios. 2. Administração. I. Reis, Clauber. II. Título.

                CDD 658.514

Índice para catálogo sistemático
I. Negócios

Para comprar os livros com maior desconto possível, visite nosso site e acesse o catálogo – www.asesdaliteratura.com
Instagram - @editoraasesdaliteratura e @editoraasinha

CLAUBER REIS

AS MENTIRAS QUE VOCÊ ACREDITA NO MERCADO FINANCEIRO

Novos ASES

À Daniele, minha esposa, que leu as páginas
por cima dos meus ombros e me incentivou
incansavelmente para que eu publicasse este livro.

> **"A DIFERENÇA ENTRE A INTELIGÊNCIA E A ESTUPIDEZ É QUE A INTELIGÊNCIA É LIMITADA."**
>
> *Roberto Campos (economista)*

SUMÁRIO

PREFÁCIO

"DINHEIRO E SEXO SÃO OS TEMAS que as pessoas mais mentem a respeito[1]." Normalmente, com boas doses de superlativos sobre o desempenho. Ninguém gosta de perder dinheiro. Isso é básico. Se coubesse a você explicar o que é economia, bastaria dizer que é a ciência da dor no bolso. Não é uma definição brilhante, nem técnica, mas é sem dúvida verdadeira.

Por isso, saber operar por conta própria no mercado financeiro é tão revelador pelos resultados quanto pela sua personalidade. Disciplina emocional, autopercepção, rotina de estudos, humildade. São essenciais para classificar como virtudes pessoais para sobreviver em qualquer ambiente.

Embora meritocracia seja uma palavra usurpada, para o mercado financeiro ela é uma simplicidade real e sólida, tanto quanto um bloco de concreto: rendeu dinheiro através das suas escolhas? Sim? Não? No fundo, entre você e a tela do computador, as luzes do *home*

---

1   Paulo Francis, pseudônimo de Franz Paul Trannin da Matta Heilborn, foi jornalista, crítico de teatro, diretor e escritor brasileiro.

broker piscando em sua frente, haverá a alternativa de uma verdade orgulhosa de si mesmo ou algum subterfúgio para autoengano, pena de si próprio e perguntas cheias de respostas inconvenientes quando o resultado for ruim.

De maneira muito honesta, a tônica deste livro é um relato de quem vivenciou na pele, entre erros e acertos, a evolução do mercado nos últimos anos e como o ecossistema financeiro se modificou, gerou oportunidades, e também criou verdadeiros "um sete uns" diante da ingenuidade dos investidores.

Não é meu intuito bancar o conselheiro ou ficar pichando figuras públicas. Penso que, conselhos neste ramo, só deveriam ter alguma serventia quando a fúria do mercado, volatilidade e especulação se tornam racionalmente insustentáveis por fatores economicamente congênitos. Porém, são nessas horas que qualquer orientação será espetacularmente ignorada, substituída pelo pânico e obscurantismo irresponsável, o que só faz aumentar o número de adeptos.

Há um ditado Hindu que diz: "Se você entende, as coisas são o que são, se você não entende, as coisas são o que são".

POR QUE ELES GRITAM TANTO?

TALVEZ EU TENHA SIDO UM DOS POUCOS moleques que realmente liam a revista Playboy no intervalo de uma punheta e outra, folheando aquele mundo irreal e hiperdimensionado da vida dos ricos e poderosos. Depois de gastar minhas parcas dinheiramas, entre imagens bem produzidas em "10 maneiras de se fazer um Martini" ou "5 tipos de nós de gravata", vendo carros de luxo, mulheres artificialmente perfeitas com muito Photoshop, eu, moleque entediado, acabava lendo alguma história pra lá de fictícia sobre yuppies do mercado financeiro e como levantavam impérios, andavam de carros imponentes, cruzavam Nova York e ostentavam poder, fama e putas maravilhosas do leste europeu.

Aos 14 anos, toda aquela aura fantasiosa, artificialmente exagerada e deslumbrada de idealização, adicionada de boas doses de projeções egocêntricas dos redatores, cuidadosamente pinçando aqui e ali, alguns fatos a lá Jordan Belfort, eu estava convicto de que ser corretor da bolsa era algo glamoroso, poderoso, envolvendo grandes tomadas de decisões, adrenalina e dinheiro. Uma profissão excitante, cosmopolita, cheia de sofisticações.

Tudo muito longe da minha provável vida comezinha direcionada para as escolhas de um futuro meramente tradicional: empreender ou gerenciar uma loja, projetar máquinas, fazer obturações ou analisar contratos para protocolar num cartório.

Na década de 80, o primeiro mundo emendava outro ciclo de prosperidade, e nós latinos batedores de bumbo olhávamos para os filmes de *Hollywood* e admirávamos como os gringos eram ricos. Seus sobrados gigantescos, dentes alinhados e brancos, quartos de crianças abarrotados e decorados de brinquedos, viagens ao redor do mundo e carros conversíveis. Toda esta exposição do *American Dream* vinha acompanhada de profissões proeminentes e entre elas: o corretor da bolsa de valores e suas gritarias ao telefone, gestos incompreensíveis e papéis voando pelos ares no fim do pregão. O cinema fazia a melhor propaganda do melhor funcionamento do capitalismo selvagem.

Embora encantado, querendo saber qual caminho eu deveria seguir para entender o que um operador da bolsa fazia, havia um pequeno problema: Naquela época, o Brasil era um país falido mais do que sempre foi, com hiperinflação e um baile de trocas de moedas e moratórias constantes, e se hoje você ainda acha o país um puteiro, aquele período, além de puteiro, éramos uma África com um pouco mais de asfalto. Talvez, minha carreira no mundo financeiro se resumisse, no máximo, a ser um gerente de banco numa cidade jeca do interior, cheia de caipiras que dizem "oba" no lugar de bom dia.

Nada contra os gerentes de banco, é claro, mas num país em que o dinheiro era somente papel pintado, onde o terraplanismo econômico resiste até hoje, o acesso ao mercado de ações para a classe média era algo tão utópico quanto as mulheres photoshopadas da Playboy.

ANTES DE QUALQUER MENTIRA, VAMOS FALAR UMAS VERDADES.

DURANTE OS ANOS 80, O BRASIL era economicamente um país à deriva. A ressaca do nacional-desenvolvimentismo do fim do período militar cobraria seu preço. Sei que há discussões intermináveis a respeito desta observação, mas prefiro me basear no excelente livro *do Jorge Caldeira, "Brasil: História do desenvolvimento econômico".* É o que me basta, somando academicamente o que meus olhos observaram.

Nem de longe é meu intuito desmoralizar ou minimizar o empenho de algumas das nossas lideranças civis, mas francamente, embora as campanhas pelas Diretas Já, no ano 1984, tivessem grande apelo e apoio dos populares, algumas raposas da velha e nova política, bem como toda a indústria da formação de opinião (artistas, jornalistas, meio acadêmico), acho que um dos fatores mais incisivos para que os militares abandonassem de uma vez a política era a incapacidade de rolarmos até mesmo os juros da dívida externa a partir de 1979. A bomba-relógio estava armada; era, portanto, necessário devolver o poder aos civis.

Dez anos depois, o cenário político-econômico era de terra devastada. Desolador. A transição da abertura democrática militar/civil caiu no colo de José do Ribamar Sarney, vice que assume pela morte de Tancredo Neves, um político moderado que serviu de amálgama entre as diversas forças civis e militares. Tancredo, antes de seguir como alma para Jesus, estava com olheiras profundas e escuras, rosto opaco, ar doentio, falava baixo, e logo que caiu de cama a imprensa tratou de deificá-lo.

A atmosfera de euforia e esperança pelo retorno dos civis ao poder e as perspectivas centradas na figura conciliadora de Tancredo Neves desabou dramaticamente com a notícia de sua morte, falsamente inesperada, gerando um anticlímax denso, um ar pesado, asfixiante, desencadeando tristezas e inseguranças para o futuro. O primeiro grande prejuízo foi o sequestro da música "Coração de Estudante", do Milton Nascimento, que usaram para musicar e intensificar o desfecho trágico da morte do presidente e seu funeral. Música que nunca mais teve um minuto de paz, só alforriada das formaturas de ensino médio pela detestável e cafona "Amigos para Sempre", com Pavarotti. *Sorry.*

Difícil acreditar que gente sã da cabeça e QI médio olhasse para José Sarney com uma fagulha de otimismo. Gumex no cabelo, bigodão de novela mexicana, jaquetão e sua voz levemente esganiçada falando: *"Brasileiros e brasileiras, a resPOSSABIlidade du Puder"*...

Já lidávamos com inflação alta, média de 272% ao ano, um incêndio que se desenhava para absoluto descontrole, e que a partir de atitudes pouco ortodoxas, resolvemos apagar com querosene. Atravessamos de 1979 até 1994, com a impressão de que viver com inflação era algo inato, como o clima tropical ou um atributo da estrutura geográfica, assim como as Cataratas de Foz do Iguaçu ou o Pão de Açúcar. Alguns suspeitos e irresponsáveis de sempre até alegavam: "O Brasil tem cultura inflacionária", levando em conta que cultura talvez seja a palavra mais prostituída da história.

No entanto, cultura de inflação é o cacete. Inflação tem motivos baseados em causas, efeitos e reações. A primeira tentativa de domar a fúria inflacionária veio com o Plano Cruzado, com seu slogan tão inconsistente quanto a própria estratégia: "TEM QUE DAR CERTO". Era uma ruptura radical. Cortar zeros, mudar o nome da moeda, congelar e tabelar os preços e salários, criar novos indexadores. "Lavou, está novo!!".

Claro que tem que dar certo, afinal, o que é que poderia dar de errado congelando os salários dos trabalhadores e o preço do varejo, jogando a culpa da inflação no seu Zé da Silva, dono do Hipermercado Varejão da Fartura, porque foi obrigado a repassar o preço de um pote de maionese?

E façamos justiça aos devidos nomes. Um plano desses conseguiu como oposição, unir Roberto Campos e Leonel Brizola. Isso deveria dizer muita coisa. Mas não disse, porque bom senso é um componente perecível no Brasil. O populacho ingênuo e solícito, meteu um broche de fiscal do Sarney e acreditou na ideia do Plano Cruzado, insanidade que fazia o rabo balançar o cachorro. Normalmente não é assim que funciona. Os produtos sumiram das prateleiras numa crise sistêmica de oferta e demanda, distorção dos preços, inviabilidade produtiva e comercial, além de criar mais filas, revoltas e mercado negro.

É de derreter as retinas que até hoje, a causa do processo inflacionário seja grega para a imensa maioria dos brasileiros, e a existência de certa ala da política e imprensa, no mais puro populismo, na maior cara de pau e pilantragem vagabunda, propaguem irresponsabilidade fiscal e insistam em soluções que apoiam apenas de boca, fingindo não entender que perdemos no mínimo duas décadas com inflação descontrolada e invencionices, digamos... heterodoxias. Sarney criou quatro moedas e congelou os preços e salários quatro vezes. A façanha foi acumular de 1979 até 1988, levando em conta que ele assumiu em 1985, 1.062.000% (um milhão e sessenta e dois mil por cento) em variações de preço, e a inflação no seu último ano de governo acabou em 1972%.

Eram tempos difíceis. A taxa de desemprego oficial não correspondia à realidade, porque na altura do campeonato, nada que viesse do governo correspondia à realidade. Durante esses intermináveis anos de calvário, eu fazia esporadicamente a função de *officescravo*, uma versão derivada de office boy, um bico obviamente não remunerado cuja função era quebrar o galho para os pais no momento do aperto das tarefas do dia a dia.

Regularmente, quebrar o galho era sinônimo de fila dentro do banco. Num ambiente de inflação que flertava com 90% ao mês, isto era uma atividade diária como escovar os dentes ou almoçar. Empresários em geral e assalariados que não viam todo o salário evaporar logo nos primeiros cinco dias dependiam do *overnight* para garantir liquidez e fluxo de caixa. Resumidamente, era um artifício que antecipava os juros inflacionários e intensificava a eterna corrida em círculos atrás do rabo, como os cachorros loucos fazem.

Comerciantes eram obrigados a depositar dinheiro e cheques diariamente. E logo meu pai arranjou uma excelente função para ocupar a minha cabeça adolescente preenchida de vento: mofar nas filas de bancos para depositar o caixa do estabelecimento do qual ele era gerente. Tomado pelo tédio, parado, contando quantas pessoas serpenteavam à minha frente, eu descobri o caráter pedagógico das filas. Eu escutava de tudo: fuxicos familiares, romances proibidos, insatisfações trabalhistas, reclamações amorosas, projetos mirabolantes e conclusões insólitas sobre a situação em que o país se encontrava.

A minha ideia de mercado financeiro foi se desmanchando no ar a cada tarde calorenta, enfadonha e perdida dentro dos bancos. No final do mandato de José Sarney em 1988, a única coisa que ele realmente conseguiu conquistar foi a unanimidade de que ele precisava sair da presidência. Só. Ninguém aguentava mais a sensação de descontrole e inépcia.

Por outro lado, 1989 era, enfim, a primeira eleição presidencial pelo voto popular e direto, o que para alguns, um motivo incontestável de esperança e mudanças profundas para a política e economia. A impressão que dava é que todo político de média e alta popularidade queria ser presidente. Ou pelo menos, marcar território se candidatando. Todos os governadores dos Estados mais influentes, oligarcas e algumas lideranças civis embarcaram na aventura. Mais de trinta candidatos. Até o Silvio Santos, que substituiria um candidato obscuro dentro de um partideco, que felizmente, para ele e para nós, fora sustada pelos mafiosos de sempre. Tinha chances reais de se eleger e a probabilidade de queimar a imagem e o carinho que o povo tinha por ele. Enfim, era uma fauna variada de raposas, abutres e micos.

Daquele mosaico histriônico, psicótico e pouco confiável, quem ali elaborou um plano consistente, um projeto alicerçado em paradigmas concretos diante da fome de capital, desenvolvimento econômico, pobreza e necessidade de estancar a inflação descontrolada que o país precisava? Ninguém. No fim das contas, sobrou para escolher o populismo de Fernando Collor de Mello como caçador de marajás e a versão radical cascuda e delirante de Luís Inácio Lula da Silva. Eram polos extremos, mas cabe aqui uma das explicações da sociologia, a teoria da Ferradura.

Embora o diagnóstico rudimentar e solução absolutamente relapsa e superficial que cada um propunha: privatiza ou estatiza, abre ou fecha mercado; as mentes mais astutas percebiam que ambos projetavam a política como instrumento de vantagens pessoais. Por essa ótica, eram bem próximos.

Collor assume o país com hiperinflação, 49% do eleitorado acreditando que a solução era mais estatização, uma eminente moratória, descrédito perante o FMI e a desconfiança daqueles que não viam uma solução planejada. Tinha tudo para dar errado e deu. Como se já não fosse o suficiente passarmos quatro anos congelando preços e trocando os nomes das moedas, o Plano Collor foi protagonista do maior e mais feio descarrilamento econômico da história do Brasil República.

Confiscar a poupança do populacho para evitar o consumo e através da escassez reduzir a inflação. Pânico, indignação, sensação de violação pessoal e roubo, revoltas. A coisa teve uma dimensão tão traumática, que passado o governo e seu expurgo, o confisco de contas bancárias se tornou uma cláusula de impeachment presidencial dentro da constituição. Não sei da veracidade dos fatos, mas há quem diga que até suicídios foram cometidos pelo desespero causado. Não duvido.

Collor foi defenestrado no segundo ano de governo por denúncias do seu próprio irmão. Um nível de corrupção amadora, perto do que atingimos atualmente, o que não quer dizer que eu endosse qualquer coisa que o ex-presidente tenha feito nesse sentido.

Itamar Franco assume. Um presidente acidental, dotado de uma vida política completamente insípida, um político desconhecido usado apenas para composição de um partido fraco e inoperante. Sem a pressão da popularidade, sem o populismo atordoante, ele fez aquilo que nos últimos 15 anos nenhum político foi capaz de fazer. Se juntou com as melhores mentes da época e permitiu que um novo plano econômico fosse implementado.

Era o nascimento do Plano Real e a concepção de que dinheiro circulando deveria seguir axiomas básicos, que alguma ortodoxia deveria ser respeitada e que um país continental como o nosso precisava seguir um mínimo de regras econômicas para ter crescimento. Me lembro que a queda da inflação propiciou a compra de dentaduras e o consumo de iogurte. O Jornal Nacional falava de superávit primário e parecíamos que enfim a casa estava sendo arrumada.

O que estou dizendo com esse histórico político e econômico é que não há a menor possibilidade da existência de um mercado de capitais minimamente saudável e oportuno num país que não conseguia estabilizar nem o nome da própria moeda. Desta feita, é perfeitamente natural que as gerações que vivenciaram essa esquizofrenia econômica não tenham a tal da cultura de investimento, tão falada por alguns consultores e outros da mesma espécie.

AS CORRETORAS

ATÉ 1999, O BRASIL TINHA NOVE BOLSAS, todas eram entidades oficiais corporativas e vinculadas às secretarias de finanças dos governos estaduais. As corretoras eram nomeadas pelo poder público. Nesse mesmo ano, essas bolsas foram integradas e centralizadas ao Bovespa a fim de concentrar os investidores. Seguiu-se uma fase embrionária até 2005 com o acesso a clubes de investimento e gatos pingados de forma autônoma.

Para se ter uma ideia, menos de 0,08% da população investia na Bovespa naquele ano. Os números começam a sair da insignificância com a maturidade do Plano Real. Lula paz e amor, que pregou em seus dois mandatos uma herança maldita que nunca houve, seguiu a cartilha antecessora enquanto a difamava. Com isso, tivemos um continuísmo das políticas econômicas, algo raríssimo na nossa história, ainda que o mercado de capitais fosse relegado a um subproduto dos bancos para *clientes prime golden plus diamond* private *exclusive* e outras terminologias cheias de afetação para a classe média se sentir especial.

Antes disso, os juros altos da renda fixa, o vocabulário obscuro e a escassez de material educacional deixaram a renda variável ignorada pelo investidor. Embora alguns analistas digam que a expansão tímida para a bolsa foi devida às crises da Rússia (1998), Argentina (2001) e Turquia (2001), francamente, esses países, assim como o Brasil, vivem em eterna crise; portanto, acho que o peso é menor do que lhe foi atribuído.

Como mero investidor, penso que 18% (da época) é uma senhora taxa para um país de inflação baixíssima (média de 5% ao ano) e paridade de dólar muito atrativa, uma flutuação em linhas gerais entre R$1,80 e R$2,40, embora fosse artificial. No entanto, que me importa se a mula é manca?

Junto com a estabilidade e o esforço de pulverizar e popularizar a bolsa, surgiu uma revolução operacional: corretoras independentes dispostas a entrar no tapa com os bancos na busca por clientes, vendendo liberdade financeira e ganhos substanciosos baseados no potencial das ações e na independência intelectual que o acesso ao *home broker* via internet proporcionava.

Agora dava para o CPF fazer merdas colossais sem depender de um gerente de banco, e em alguns momentos, até obter lucro com as operações. Tudo a um clique.

Igualmente Batman e Robin, as corretoras e a qualidade do seu *home broker* oferecido eram coisas distintas, mas de alguma forma indissociáveis. Uma interface intuitiva, boletas descomplicadas com preenchimento veloz e boa sustentação na internet eram requisitos mais importantes que a saúde financeira da corretora. Se a alavancagem fosse exorbitante e a margem camarada, pouco importa se a soma dos emolumentos e corretagem arruinaria na prática as operações.

Como tudo ainda era mato, novo e promissor, várias corretoras surgiram e imigraram para cá. Elas foram à caça. E, óbvio, almejar custódia, vender ou dar cursos sobre análise técnica e fundamentalista, oferecer plataforma gráfica e um *home broker* de preferência pago.

Bolsa era um conceito elitizado, e pessoas físicas tinham pensamentos nebulosos sobre o seu funcionamento. Aos poucos, blogs, sites e algumas postagens via Facebook serviam como iscas para os mais curiosos. Nasceram poucas escolas e professores autônomos, não necessariamente gente que saiu de dentro do sistema financeiro, mas que buscaram conhecimento nos EUA e replicaram os padrões da análise técnica para cá.

Até 2007, ninguém que não estivesse numa mesa profissional, dentro de um banco ou corretora, era *day trader* lucrativo. O mercado engatinhava. O papel das corretoras para a própria sobrevivência era enfiar na cabeça de pessoas comuns, perfis arrojados ou gente frustrada com o próprio trabalho, que havia vida inteligente no mundo dos investimentos para além dos CDBs.

De repente, um tipo comercial, um jovem não tão jovem, descolado, vestido de terno e camisa TNG, que são bem cortadinhas e se parecem mais caras, surgia e demonstrava um portfólio da corretora "TAL" e esculhambava comparativamente os lucros exorbitantes e pornográficos dos bancos, demonstrando o quanto aquela máfia estava deitada em berço esplêndido, enquanto nos pagava uma miséria de rendimentos e extorquia os devedores até sugar o tutano dos ossos. Para se rebelar contra o sistema, para dar um *fuck off* na roda de hamster, bastava usar as suas economias aplicando em ações e utilizando a generosa alavancagem fornecida pela corretora e a independência financeira chegaria acompanhada de horários flexíveis.

Embora as porcentagens de uma renda fixa em relação à variável tenham outros comparativos para se levar em conta, a possibilidade de ganhar mais e ao mesmo tempo se libertar da prepotência dos bancos, dobraram os números de CPF de 2006 para 2007.

A PERDA DA VIRGINDADE

UMA REVOADA DE *DAY TRADERS* muito experientes em seu primeiro ano de carreira apareceu falando sobre *setups*, tempos gráficos, terminologias e cursos a peso de ouro. Bastava misturar termos em inglês, discorrer sobre inúmeras ferramentas de análise técnica, falar sobre *backtest* e abrir a conta na corretora "tal", que enfim, você iria ganhar belas e gordas boladas.

No entanto, a crise do subprime de 2008 fez a roseira balançar com força no mundo todo. Foi a primeira vez que, após 1929, apontaram o dedo para um esquema cuja ética é muito semelhante aos produtores de filmes de entretenimento adulto exibidos na madrugada para a TV a cabo. O sistema bancário e seus pecados foram expostos com fúria e lágrimas. O mercado desabava em porcentagens vertiginosas, *circuit breakers* eram acionados de forma constante em todas as bolsas no mundo, e o clima de urgência e catástrofe era televisionado de hora em hora, temendo um efeito dominó para os bancos de varejo.

A crise imobiliária foi o estopim de uma estrutura tão frágil quanto um castelo de cartas. Quando o banco

Lehman Brothers decretou falência, descobrimos da pior maneira que o sistema bancário de investimentos era uma grande dança de roda-roda, que ao invés de mãos dadas, estavam todos nus, fazendo ciranda segurando o pinto um do outro. A luz ascendeu e cada um enfiou a mão onde pôde. Alguma coisa precisava ser feita antes que tudo ruísse e então, o governo de Barack Obama interveio e estancou parte da sangria.

Questiona-se muito o que deveria ou não ser feito; utópicos, teóricos e analistas de obra pronta apontam isso e aquilo, mas, entre mortos e feridos, foi assim que a coisa terminou: dinheiro público salvando bancos. *That's all folks.*

Foi uma crise sistêmica e o mercado financeiro do mundo havia mergulhado de cabeça no fundo do poço. O pânico financeiro se acomodou em meados de janeiro de 2009, deixando um rastro de quebradeiras nos EUA e barateando as ações no mundo todo. Uma grande janela de oportunidade para quem era arrojado ou possuía finanças controladas se abriu por aqui. Boas empresas estavam a preço de banana, bem como algumas que não valeriam uma penca de bananas subiram agressivamente. Alta em cima de alta. Dia após dia, uma festa de porcentagens que logo despertou o *cardume de sardinhas*: CPFs doidos para perder as economias comprando o que aparecesse na frente, engolir dicas quentíssimas e explosivas, entre as quais; ações de empresas falidas cotadas em centavos ou abaixo das dezenas.

Gente disposta a queimar dinheiro sem entender absolutamente nada a respeito de mercado à vista, derivativos, mercado futuro, termo, *forex* ou qualquer outra coisa que fosse lícita, e ultrapassasse a renda fixa que estava com juros abaixando artificialmente no Brasil. Se o investimento parecesse inteligente do ponto de vista da análise e cheio de abstrações político-econômicas, melhor ainda. "Rapaz, você viu aquele Eike? Ele come a Luma de Oliveira, o filho dele come paniquetes, vou comprar OGX."

Pelo sim pelo não, a crise do subprime de 2008 e a sua recuperação estratosférica em 2009 popularizaram a bolsa no Brasil. Aqueles que seguraram o rojão em 2008 participaram da maior e mais constante escalada de preços da nossa recente história de renda variável. Foi a festa do caqui. E como toda festa é dada a alguns excessos, muitas corretoras tiveram sobrevida, incentivando o investidor a girar o patrimônio comprando e vendendo ações enquanto sustentava a empresa através de corretagens. Ninguém se importava. O mercado decolava e o dinheiro entrava e saia fácil, todo mundo sorria de orelha a orelha, um ecossistema em volta foi se criando. Cursos caríssimos, plataformas de operação, *home brokers*, *workshops*, imersões, *mindset*, tudo era um subproduto de outro produto.

Por se tratar de uma novidade, ninguém queria ser passado para trás, deixar uma informação descolada ou bobear numa ferramenta eficiente. O setup milagroso aprendido na corretora precisava do *home broker* turbo, que precisava de tantas operações para validar a plataforma *power*, que custava "x" mas que depois de pagar o curso do fulano, tinham três meses de carência e foda-se essa porra toda, porque o *day trade* estava rendendo 1% ao dia, e alavancavam 10 vezes o patrimônio, e mesmo que o ganho no fim das contas fosse 0,5% no dia, semana ou mês, ainda era mais vantagem que mofar a grana numa caderneta de poupança.

As pessoas saíam aceleradas dos cursos, cheias de boa vontade, mas completamente cegas para entender que algumas corretoras dependiam do giro patrimonial do correntista para sustentar suas filiais. Sem uma diversificação de produtos financeiros, sem poder oferecer algum tipo de renda fixa ou ser comissionada para títulos do tesouro, suas margens operacionais ficavam apertadas e até deficitárias. Por outro lado, os bancos nunca tiveram interesse de democratizar a renda variável, os seus produtos oferecidos eram basicamente fundos de investimento, verdadeiras trolas no rabo do correntista, um desestímulo pensado a fim de não ameaçar o *free float* que garantia a tranquilidade dos empréstimos e os lucros generosos, mas que no fim das contas, queimou o filme quando o assunto era bolsa através do seu gerente de banco.

Naturalmente, corretoras e bancos deveriam ser concorrentes para a saúde do sistema financeiro.

Vale dizer que em 2009 eu era uma besta de carga, dono de uma cozinha industrial, acordando diariamente às 5h da manhã e já estressado às 8h, conjugando todo o meu repertório de palavrões a quem quer que tivesse a indolência de aparecer na minha frente. Nem é preciso dizer que eu era um sujeito infeliz e estava perdendo a capacidade de me comportar adequadamente aos mais próximos.

Um ambiente de cozinha industrial é absolutamente estressante, sobrecarregado, cheio de imprevistos e adaptável por necessidade. O operacional é acintosamente cansativo e interminável. É óbvio que temos pessoas completamente felizes e satisfeitas com esse tipo de trabalho, mas definitivamente não era o meu caso. E lá estava eu, 9h da manhã, impregnado pelo cheiro de alho frito, num posto de gasolina, abastecendo uma Fiorino Furgão velha de pintura desbotada quando um amigo me viu e por educação me perguntou como as coisas iam.

Frustrado com meu empreendimento, despejei impetuosamente minha revolta nos ouvidos dele, retruquei que minha vontade era abrir os botijões de gás, esperar um tempo, e acender um fósforo para explodir aquela encrenca, mandar tudo pelos ares e nunca mais saber de CNPJ ou CLT. Isso me custaria a vida ou o primário. Então fiz o mais óbvio: vender de qualquer maneira e passar para alguém mais capaz de tocar aquela pequena filial dos infernos.

Tive apoio de todos. Empolgado pelo que ouvi de 2009, entrei de fato no mercado financeiro no fim do primeiro trimestre de 2010. Pelo menos com aspirações profissionais, a fim de guinar 180° e pôr os dois pés do outro lado da encosta, investindo tempo, dinheiro e o que fosse para deixar de ser um mero amador. Fui acolhido por aquele amigo e seu sócio irmão, que já operavam em tempo integral desde 2009, onde tinham um pequeno escritório e principalmente, muita disposição e boa vontade em me ajudar. Era também uma oportunidade de dividir custos do lugar e racharmos cursos de especialização que eram vendidos a peso de ouro. Pilhas de DVDs, livros, *workshops* e dias intermináveis de imersões para me familiarizar com o linguajar e termos técnicos.

Na época, vendedores de curso sobre mercado financeiro realmente vendiam conhecimento. Eu achava que entender *setup*, encher os gráficos de indicadores, fazer *backtest* e colocar fones de ouvido escutando Black Sabbath, estavam me gabaritando para operar ações e mercado futuro baseado no que já havia acontecido em 2009.

Estávamos em ano de eleição, o que adicionava um pouco mais de instabilidade, especulações irresponsáveis, ameaças políticas e prognósticos econômicos desastrosos, ou seja, a percepção da normalidade menos adormecida. Até que soubéssemos que o futuro presidente seria Dilma Rousseff, o mercado fez o esperado. Desceu, gringos habitualmente pularam fora, bancos encerraram posições e ficamos travados de julho até setembro com baixa liquidez e amplitude entre as máximas e mínimas abaixo do esperado.

Por sorte de principiante, fui poupado de começar logo no primeiro trimestre quando houve uma correção agressiva, mas que estava dentro do esperado. Eu tinha algum dinheiro de reserva e quando preenchi minha primeira boleta, já estávamos em tendência de alta e o mercado foi dócil com a minha inexperiência.

Havia até uma comunidade de *traders*. Em 2010, aumentamos em quase 60 mil investidores apesar do ano travado. Cheguei a participar de um encontro informal de *day traders* das cidades da redondeza, para tomarmos chopp com batata frita e mentirmos sobre os resultados atingidos.

Porém, o meio daquele ano demonstrou para os marujos de primeira viagem o que era operar num mercado sem direção. Muita gente perdeu dinheiro e começou a perceber que talvez aquilo que presenciamos em 2009 não seria aplicável com a mesma eficiência dali para frente. Os custos, a operacionalidade de alguns *home brokers*, a demora dos então solícitos agentes de investimentos, acenderam uma opaca luz amarela que, no entanto, resignados, nós não deveríamos entrar em pânico ou pessimismo. O mercado voltou a subir e estacionou próximo do seu último topo, alimentando esperanças de uma confirmação de alta para 2011.

Bem da verdade é que ninguém tinha ideia do potencial destrutivo dos próximos anos e que retrocederíamos ao terraplanismo econômico, que tropeçaríamos novamente em todos os erros crassos e insalubres da nossa infame história econômica.

MAGIC CARPET RIDE

QUANDO O MERCADO AINDA não tinha se convertido numa fornalha de queimar dinheiro e cagar para valer nas operações como se estivéssemos num cassino, a rotina do escritório era muito agradável. O ambiente era leve e cordial, eu podia trabalhar de bermuda e não havia qualquer tipo de pressão externa. A gente não tinha ideia que aquele verão de 2010 era o último suspiro de alta para o topo da bolsa, estávamos felizes, fazendo algum dinheiro e inconscientes do que vinha pela frente.

A mudança de rotina fez muito bem para mim. Não precisava acordar às 5h da manhã e meu telefone não tocava na hora do almoço com alguém reclamando do ponto do macarrão, ou que a dona Severina largou o refogado no meio do caminho, porque discutiu com dona Cida que a chamou carinhosamente de pistoleira mulher de malandro que gostava de apanhar do marido. Por mais que fosse improvável, trabalhar como *trader* era menos estressante que empreender numa cozinha industrial. Aquele clichê de mercado financeiro com engravatados estressados, berrando ao telefone, soterrado de papeladas a um passo da glória ou suicídio, não existia mais. Aquilo era coisa de filme dos anos 80/90. A selvageria agora era meramente digital, observando que o meramente vinha com uma potência tão destrutiva quanto cachimbar crack na gravidez.

Mas para nós, caipiras num escritório do interior, especulando o próprio dinheiro, com o mercado levemente dócil, nos dava a impressão que enfim, a vida tinha deixado de serrar os punhos e sorria para as nossas escolhas. Chegávamos uma hora antes do pregão, alguém fazia o café enquanto assistíamos a algumas notícias e as previsões do mercado no site mais influente da época. Eu corria os olhos em alguns fóruns de debates para ver se tirava alguma coisa útil das conversas e ofensas gratuitas.

Uma secretária lançava nossas corretagens, organizava nossas planilhas e nos ajudava a selecionar as ações mais "quentes" para o *trade*. Ninguém interferia no trabalho de ninguém e a preocupação era apenas acertar o momento da compra e sair na melhor oferta de venda. Era tudo estranhamente perfeito.

CONFLITOS DE INTERESSE

2011 FOI A PEDRA FUNDAMENTAL dos seis anos seguintes no modo como a banda iria tocar, de um jeito nada otimista dali para frente. Um verdadeiro divisor para quem realmente estava afim de passar pelo corredor polonês e exibir com orgulho os seus hematomas. Nada do que fazíamos anteriormente funcionava. Parecia que o mercado estava de birra e deboche conosco.

Os *setups* se tornaram disfuncionais da noite para o dia, os padrões pareciam caçoar das nossas análises, o mercado seguia ao oposto daquilo que fazíamos. E não importava quantas vezes fazíamos. Estávamos sempre na contramão. De repente, o seu agente de investimento não atendia o telefone, as ordens do *home broker* começaram a falhar nos momentos mais importantes, as inserções que aconteciam de manhã e no meio da tarde daquele professor frio, racional e assertivo, ficaram esporádicas apenas no final do pregão, e a minha planilha de controle começava a ficar a maior parte do tempo vermelha, bem como os resultados mensais passaram a ser negativos.

Se você acha que Deus protege os bêbados e as crianças, você não tem ideia de quanta proteção divina uma pessoa sem conhecimento/experiência e precisando de dinheiro é capaz de fazer na frente de um *home broker*.

Tenha em mãos, incentivado pelo seu agente de investimento, uma vasta alavancagem e a ilusão de operar pesado, com tempo e alvos curtos para fazer dinheiro rápido, que você estará absolutamente gabaritado para atingir metas seguras e constantes de prejuízo fazendo a felicidade das corretoras. Parabéns.

Concomitantemente à minha inexperiência destrutiva, tínhamos o governo Dilma, recebido de braços cruzados pelo mercado com sua proposta de nova matriz econômica. Tão logo ela assume, o mercado financeiro começa um processo contínuo de deterioração, cujo resultado foram seis anos de queda, perda de liquidez, estagnação de investidores pessoa física, contração do número de corretoras, concentração do ativo financeiro na mão de poucos bancos e fuga de capital estrangeiro. O resultado era exatamente o contrário de tudo aquilo que fora planejado para a Bolsa brasileira ser uma das maiores do mundo.

Assim como o Jason da sexta-feira 13 ressurgia cada vez mais podre e agressivo, as velhas discussões ultrapassadas, superadas pela prática, passaram a ser habituais e levadas a sério: Banco Central ser ou não autônomo, tabelar juros, fim de privatizações, neoliberalismo, especulação estrangeira.

O traquejo da presidenta não ajudava muito nos seus pronunciamentos, reduzíamos os juros na marra e as agências de risco foram rebaixando nossa classificação de investimentos. Os gringos não pararam de colocar dinheiro definitivamente, mas fomos relegados ao "*shit money*", mera especulação, um estágio acima dos cassinos.

Não vejo como culpar o que o sr. Oliver Johnson, um simpático fazendeiro *redneck* do Arkansas, de bochechas rosadas, barrigudo, trajando calça caqui três dedos para cima do umbigo, que acredita que além da nossa capital ser Buenos Aires, nosso maior produto de exportação sejam mulatas de bunda arrebitada equilibradas num salto agulha. Por mais que nos indignemos ao preconceito, não podemos esquecer do nosso desonroso histórico econômico administrativo.

Escrevemos seis constituições, passamos por duas ditaduras, trocamos de moedas 11 vezes e todas seguidas por moratórias, e até aquele ano, um impeachment. Ah, e uma inflação de quase 100% ao mês de modo que menos de 13 anos de estabilidade monetária não significava tanta segurança assim.

As corretoras foram engolindo umas às outras. O mercado do mercado financeiro estava encolhendo. Até que os bancos, aqueles mesmos que cordialmente orientam seus gerentes para vender título de capitalização para velhinhos e velhinhas aposentadas, apareceram para comprar quem estava com as pernas bambas. Mal democratizamos a renda variável e ela estava novamente se elitizando.

Porque ter dinheiro para comprar o mercado caindo constantemente, conhecer o essencial das operações, ter estômago para ver o capital diminuir sem meter os pés pelas mãos, é coisa de quem pode perder porcentagens sem que isso comprometa alguma parte da vida. E aqui a grande ilusão de que um banco seguro oferecerá o melhor para o seu perfil "conservador arrojado". Não vai, não quer.

Uma parcela nada desprezível do lucro dos bancos comerciais vem do floating. Em linhas gerais, remunerar o dinheiro que você aplicou e emprestá-lo a juros indecorosos para os atolados. Pagar 97% de um CDI em dois anos, enquanto cobra 147% ao ano continua sendo um negócio bilionário.

Então, por mais que você seja o cliente *BLACK DIAMOND INTERNATIONAL EXCLUSIVE PLUS,* o banco na função de corretora deseja que a sua carteira de renda variável se foda espetacularmente, que você saia traumatizado de um jeito que apostar no jogo do bicho ou comprar um bingo beneficente seja mais rentável.

Segundo o próprio Banco Central (BACEN), em 2018, havia 172 bancos autorizados a funcionar, o que representava 11,43% do total de instituições do sistema financeiro, mas que respondiam por 90% dos ativos totais do sistema financeiro. Desta classificação temos a hegemonia quase acachapante dos bancos comerciais: Banco do Brasil, Caixa, Itaú, Bradesco e Santander.

Repito, não culpo ninguém por não diversificar investimentos para além de imóveis e renda fixa depois de tudo que gerações passadas sofreram.

ENTÃO VOCÊ QUER VIVER DE *TRADE?*

POR TER ATRAVESSADO O VALE DAS SOMBRAS e da morte de 2010 até hoje, algumas pessoas empolgadas, genuinamente inteligentes, capazes e competentes me perguntam se estudar bastante, ser disciplinado, fazer uma imersão de *MINDSET* e exorcizar os *karmas* é possível viver de *trade*. Costumo responder de forma longa e ponderada, atento ao respeito que me foi dado, bem maior do que o merecido. O jeito direto e sem açúcar é não.

É perfeitamente aceitável que, numa determinada altura da vida, algumas mudanças e balanços sinceros sejam mais do que bem-vindos. Pode ser que, acometido por um impulso, estabilizado financeiramente, mas entediado com o rumo da profissão, você escolha montar um bar temático de *rock'n roll*, bem decorado ao estilo *udigrudi* e servir bebidas para os amigos num balcão de madeira rústica, rolando *Deep Purple*, nostalgicamente lembrando da época que você não era calvo e as camisetas conseguiam esconder a barriga. Na maioria das vezes, o sonho exige um montante bem maior de dinheiro, e logo se descobre que a clientela não será tão fiel assim para você ultrapassar as linhas dos custos.

A vida de viver de *trader* é mais ou menos esse bar temático, aparentemente charmoso, libertário, que exigirá de você o desprendimento de limpar um banheiro no final da noite com vômitos até as canelas. São modelos de negócios que exigem uma bela soma de dinheiro e paciência em diversas situações.

Antes de pedir as contas no emprego ou mexer na herança da família, seja realista e peque pelo excesso de zelo. Você não está no ramo de tráfico de cocaína ou trabalhando num cargo de confiança do governo. Avalie se os seus gastos se encaixam na porcentagem que você tem de atingir em relação à aplicação. Qualquer número muito acima de 2% ao mês (26% ao ano) flertará com a probabilidade de fazer cagadas colossais.

Se depois disso, os *chakras* permanecerem alinhados e em harmonia, estude para se profissionalizar. Como qualquer outra profissão, conhecimento, experiência e aptidão são necessários. Mas não se engane, a imensa maioria dos *traders* que pregam o *lifestyle* só conseguiram o que conseguiram vendendo cursos. *Sorry*. Não há nada de desonesto ou errado nisso, desde que o oferecido seja entregue. No entanto, um componente mais valioso que o próprio repertório extenso de conhecimento é operar livre da pressão pelo resultado.

A curva de aprendizado não precisa ser extensa se a conta corrente tem zeros à direita o suficiente. Se dentro do essencial, ou seja, ser capaz de identificar um *pullback*, um *pivot*, traçar linhas de tendências, suporte e resistências, e suas operações não desenvolveram entre um ano e meio ou dois, é provável que você terá de lidar com algumas limitações permanentes. Dentre elas, o medo de perder dinheiro e não recuperá-lo.

Uma pilha de boletos atrasados, numa sequência de resultados medíocres, não ajudará em nada o seu desempenho, principalmente se o seu capital estiver regredindo. Quando ficamos pressionados, o primeiro passo é tentar nos proteger com o excesso de informações e conhecimento, o que pode travar a capacidade operacional. Instintivamente, a síndrome do professor Pardal, o projetista de foguetes da NASA que habitou a nossa infância, exigirá um mosaico de telas, pelo menos quatro, os gráficos estarão cheios de rabiscos, médias, projeções e indicadores funcionando em contradição. Pode apostar que o mercado irá na direção oposta ao indicador escolhido e a sensação de revolta, tristeza, emputecimento cobrará um preço.

Se o seu operacional não bater a renda fixa, pare. Imediatamente. Não há vergonha nisso. Pode ser que o capital disponível seja mais viável em outras áreas. O seu objetivo é aumentar o patrimônio, ou, pelo menos, protegê-lo. Se é para gastar dinheiro, que isso seja para alguma memória, felicidade, prazer ou caridade.

Já vi gurus do *day trade* associando que estamos num jogo de basquete, onde ganhamos e perdemos como quem faz e toma cestas, e que o importante é terminar com o placar vitorioso. O que ele não diz é que enquanto você se estressa preenchendo boletas, toma *stop*, faz *scalp* (operações de prazo e alvo curtíssimos), concorre com robôs, fica no *book* de ofertas, pula ordens necessárias, alguns gurus estão ganhando o jogo sem jogar, acumulando comissão das corretagens da sua operação porque você comprou o curso, "ganhou" a boleta turbo e está na sala de operações máster associada da corretora "Tal" ou coisa parecida.

Pota que parilos! Posso estar enganado, mas o seu patrimônio não é uma quadra de basquete. Se a sua cabeça está platinada, ou prestes a tal, use-a. Não me leve a mal, não quero colocar todos os professores, operadores, influencers no mesmo balaio, isso nem é correto, mas como qualquer ramo, sempre haverá o joio e o trigo. Quero que as pessoas poupem tempo e dinheiro.

Agora, se você é jovem e o seu tempo de estrada é curto, comece pela parte chata. Estude para ser um agente autônomo de investimento antes de bater com o pinto no teclado 25 vezes para compra e venda de opções binárias e se frustrar. É o meio mais rápido para saber se você tem ou não vocação para a coisa. Familiarizar-se com o linguajar afetado e entender como a porra toda funciona vai compensar a falta de experiência e traquejo inicial. De quebra, se você for contratado, ainda que o salário possa não ser um dos melhores inicialmente, você estará imerso no ambiente, aprenderá a complexidade dos investimentos, abrirá horizontes e talvez veja operações de robôs ou uma mesa profissional. Posto essa etapa, sua personalidade definirá se *trade*, algum dia, será sua meta pessoal.

Independentemente da idade ou experiência de vida, a pergunta de 1 milhão de dólares é: será que vale a pena? Quanto tempo, dinheiro, força psicológica você estará disposto a gastar para ter a "mão" para a coisa? Boa parte do nosso trabalho é solitária, e é melhor que seja assim. Isso evita que a culpa seja dividida com alguém ingenuamente prestativo ou cheio de boas ideias capaz de desviar sua atenção.

VAMOS MOER DINHEIRO

DEPOIS DE LONGAS HORAS DE ESTUDO, assistido e anotado as informações de uma torre de DVDs de todas as ferramentas e indicadores que se tinha notícia, *workshops*, aulas *online*, imersões presenciais e uma orgulhosa e embrionária experiência de seis meses operando, ao melhor efeito *Dunning-Kruger*, encorajado pela impetuosidade que a ignorância permite e cheio de confiança, pensei: acabou a brincadeira, é hora de fazer dinheiro de verdade!

Liguei para a corretora que prontamente me disponibilizou um galão de nitroglicerina para eu pular de *bungee jump* e adicionar adrenalina na minha aventura. A estratégia suicida era usar um empréstimo da corretora equivalente a 10 vezes o dinheiro depositado para fazer *day trade* no contrato cheio do índice futuro. A tal da alavancagem.

Em linhas gerais, desse modo, conseguíamos arredondar o número de contratos para 10 e cada centena de pontos do índice se convertia em R$1000,00 de lucro ou prejuízo. E como diria o saudoso Mané Garrincha dentro da sua sapiência: "Já combinou com os russos?".

Eu era a pessoa errada, com a ideia errada, na hora errada. O mercado passou de janeiro a abril sem direção e com a liquidez minguando. Todo o nosso estudo de operações era baseado em *trade system* provenientes das metodologias do mercado americano. Um ambiente de negociações centenário, maduro e absolutamente bilionário. Embora fizesse sentido, não estávamos operando nos EUA, estávamos no Brasil sob o governo Dilma. Esta pequena observação, que parece gritantemente óbvia nesse exato momento, não parecia tão importante para aquela época. Operadores experientes (de fora) reforçavam que ter um *trade system* te colocava em vantagem, porque blinda a sua mente das distrações externas e o preço acaba sendo o desconto de todas as informações.

Mas uma redução de liquidez não é uma distração externa. Este senso de urgência que nos faltava colaborou veementemente para enterrarmos as nossas fuças na lama. Quando relacionamos as diferenças entre um mercado maduro e um em formação, o volume de dinheiro e o ecossistema financeiro são um divisor entre um método que funcione ou não. Nossa bolsa não era madura, mas sim, um adolescente rebelde, delinquente e com sérias chances de parar num reformatório.

Tão logo iniciamos, baseado numa metodologia cheia de remendos, ausência de repertório discricionário, falta de disciplina e indicadores em contradição, ela demonstrou uma eficiência inigualável em transferir o nosso dinheiro para os outros. Uma máquina de prejuízos. O mercado não subia ou descia nos míseros alvos que colocávamos. O baixo volume de operações e a redução do volume financeiro logo repercutiu no número de pontos do índice futuro e a amplitude das variações de preço encurtaram. Era como remar num fio de água num leito seco.

E eu te garanto que a alavancagem e liquidez decrescente são a combinação mais devastadora, financeira e psicologicamente, que podemos atravessar. Deixei de ser relapso, esforcei-me para caramba repassando os vídeos, busquei novos materiais, estudei até tarde da noite, saí da alavancagem e, no fim das contas, resultados foram pífios. Insignificantes, incontestavelmente medíocres.

No escritório, entramos num processo de negação coletiva a cada mês insalubre, insuportavelmente volátil e prejuízos acumulados. As metas de *trade* começaram a se descolar da viabilidade prática, e tive que engolir com casca e tudo, prejuízos que pareciam irrecuperáveis. Particularmente, entrei num processo de culpa, autopunição toda vez que me olhava no espelho com a cara estampada de derrota. O escritório passava horas em silêncio absoluto.

Não éramos um fato isolado. Muita gente foi saindo do mercado à francesa. Não havia mais reuniões para tomar chopp, ninguém ligava para perguntar se valia a pena sair do emprego ou vender a casa. O fórum da escola mais popular ficou vazio, abandonado, parecia que ninguém tinha o que falar. O sonho já não era tão atraente como parecia.

Numa epifania ao contrário, cada vez que eu me lembrava de algum fanfarrão posando com um laptop apoiado nas coxas de frente para o mar, eu sabia que aquele cara não operava de verdade, que aquela encenação de vitória pessoal cafona era um atestado de PESSOAS QUE NÃO SABEM OPERAR. Empalado num obelisco de prejuízo, eu segurava firme na convicção de que, em algum momento, a sorte iria virar, que aquela pequena, mas prazerosa experiência de ganhar dinheiro na bolsa retornaria a tempo de eu não ter de procurar outra maneira de ganhar a vida.

Mas sorte não é um bom modelo de negócio. O nocaute veio no meio do ano, quando a agência S&P Global rebaixou a classificação de risco dos EUA e o mercado mundial desabou numa intensidade parecida com a crise do subprime. Como se não fosse suficiente perder dinheiro com a minha ideia estúpida de fazer *trade* alavancado, agora eu assistia, congelado, à carteira de ações da família acompanhar a queda de 25% do índice Ibovespa.

Minha sensação era que eu havia pulado de paraquedas, sem paraquedas. Passei o semestre lambendo as feridas e com medo de operar a leve alta que se seguiu. E aqui uma lição valiosíssima: os tubarões do mercado, fundos que realmente abalam os fluxos de compra e venda, conhecem a matemática dos descontos e não rasgam dinheiro. Entendem e manipulam o mercado para aproveitar a covalência do índice, ou a histeria exagerada. Quando dizem que ninguém sabe o quanto uma ação ou o mercado vai cair, não chega a ser uma mentira, mas é bem menos verdade.

Uma empresa lucrativa, ou várias, abaixo do seu valor de patrimônio (soma dos ativos etc.) dificilmente escapa do radar desses profissionais. Sabem o que estão fazendo. O que é inversamente proporcional ao que o mercado chama de sardinha. Pessoas ávidas e dedicadas a perder dinheiro, enfiar-se em cagadas homéricas no ambiente de renda variável, que inexplicavelmente, jamais fariam em seus negócios ou profissões. Lembro-me daquele jovem senhor, "o homem que queria ser o mais rico do mundo" e como ele levou no bico um belo cardume de sardinhas esperançosas apesar dos resultados desastrosos. A ideia de prosperidade, enriquecimento e vitória pessoal mexe demais com as pessoas.

Fico imaginando chegar num empresário de sucesso e propor a seguinte sociedade: Você não participará das decisões; não participará do operacional; não participará das finanças; para falar a verdade, você não vai participar de nada, a não ser investir com a bunda enquanto eu uso o seu dinheiro como eu bem entendo e publico balanços que fedem à miasma. Bom para você?

Fora da renda variável eu tomaria um soco na cara e seria enxotado, mas espetacularmente, esse tipo de investidor está excitadíssimo para colaborar com o desenvolvimento do mercado de capitais. Nitidamente, chamar iniciantes de sardinha é jocoso, mas é transitório na medida que há desenvolvimento e habilidade para farejar encrencas financeiras. Às vezes, o mercado nos proporciona momentos de sardinhagem que contamina até os mais experientes.

A primeira operação "zé com zé" ou OCM (operação com o mesmo comitente) onde quem compra é o mesmo que vende de forma proposital fez uma empresa aumentar em 34 vezes o seu valor de mercado e as ações subiram 3.300%.

Imagine o orgasmo de investir R$1.000,00 e em três meses saber que tem R$34.000,00? Tão logo essa orgia se alastrou e o volume financeiro elegeria a empresa para compor o IBOVESPA, com isso, fundos cujo mandato é acompanhar o índice, uma demanda extra seria necessária. Pronto, não dava mais para colocar o elefante no chiqueirinho do Fusca e a B3 vetou a entrada da empresa na composição. A ação abriu e caiu 76%. Todos queriam vender, mas não tinha ninguém para comprar. Nem a formatura do curso de medicina deu uma ressaca igual. Resumo da ópera: 10 pessoas foram processadas por manipulação do mercado, formação de quadrilha e uso de informações privilegiadas. Todos foram absolvidos de formação de quadrilha e duas pessoas respondem sobre os outros crimes.

ARRASTA PARA CIMA

SE TEM UM AMBIENTE CAPAZ de promover fanfarrões megalomaníacos, cascateiros de altíssimo gabarito, mitomaníacos, psicóticos, picaretas carismáticos, e até mafiosos de sucesso obscuro, esse ambiente é o dos cursos de *day trade*. Uso uma licença poética contundente, mas, em linhas gerais, em algum momento é uma impressão inescapável. A coisa ficou mais intensa com o potencial escalável da internet e redes sociais.

Meu repertório operacional custou dinheiro. Muito. Por um bom tempo, achei que não haveria retorno do investimento, me sentindo um otário a cada parcela de valor não recuperada. No entanto, havia material baseado em experiências comprovadas e até gente com habilidade para usufruir de modo assertivo.

Uma anomalia dos *day traders* de sucesso é que esse pessoal tem o termostato desligado e funcionam de maneira eficiente sendo contra intuitivos numa balança entre coragem e irresponsabilidade, difícil de identificar quando uma ou outra foi acionada. Ser um *day trader* vitorioso não é para todo mundo. *Sorry*.

No Brasil, a elitização da bolsa começou a diminuir com o acesso à operacionalidade de pessoas físicas através de *home broker* de 2007 para frente. Essa beatitude, a internet nos concedeu. *Traders* profissionais e conhecedores das engrenagens mais profundas dos mercados estavam ocupados demais em mesas de operações para dar cursos avançados sobre todas as maneiras de aproveitar essa nova onda de popularização do mercado.

A primeira leva dos cursos de análise técnica era fundamentada em operações de fluxo e o material vinha de fora, adaptado para cá. O repertório era sobre os padrões universais, o "be a ba" dos gráficos.

O marketing dos cursos de *trade* era, e ainda é, muito parecido com os de pré-vestibular. Quando dá certo, surfa na dedicação e na vitória do aluno; quando a coisa não desenvolve, a culpa é sua porque o conteúdo foi dado. *Merci,* vai se foder.

Em off, um professor "experiente e vitorioso", depois de uma confraternização pós-curso, que me impossibilitou de voltar para casa por causa da bebedeira, meio de pileque e boca mole, revelou que os cursos aliviavam a pressão do resultado. No dia seguinte, com a cabeça inchada da ressaca, voltando sozinho de carro para casa, fiz uma retrospectiva daquilo que funcionava, o quanto me custou e quem havia me ensinado. Parei num posto para tomar um café forte e sem açúcar e foi ali, tão amargo quanto o que eu bebia, que virei a chave. Aceitei que *day trade* não era para mim, que aquilo só me fazia rodar atrás do rabo e que possivelmente nada do que eu acreditava era realmente sustentável.

Minha história, não necessariamente é ou será a sua, que fique claro. Daquele dia em diante, perdi a paciência das metodologias, dos *setups*, dos papos e me tornei um desconfiado crônico.

E a bolsa caiu por seis anos, estagnou o número de pessoas físicas além de encolher o range consideravelmente, sintoma clássico de um mercado com liquidez limitada. Boa parte dos setups ficaram defasados ou desajustados. Algumas comunidades desapareceram e, verdade seja dita, alguns cascas-grossas aprenderam a garimpar nessas épocas de vacas magras. Admiro quem genuinamente foi capaz de ser *day trader* naquele período.

Seguramente, dá para dizer que em menos de 20 anos a internet modificou a estrutura do mercado financeiro duas vezes. A primeira, no modo funcional das operações. Além de ninguém precisar passar a mão no telefone para um assessor comprar ou vender, criou-se um fractal de tempo para operações cada vez mais rápidas dentro do pregão eletrônico. Uma demanda por setups, ferramentas eletrônicas, robôs, *home brokers*, plataformas de operação, e, obviamente, desenvolver uma metodologia para utilizar e tornar eficiente essa supernova que não parou de expandir até hoje.

A segunda, o impulsionamento do marketing digital que modificou a percepção de autoridade e persuasão em todas as áreas do consumo. Foi uma espécie de alinhamento dos astros de todas as ferramentas digitais, como Instagram, YouTube, Google Ads, TikTok e um ciclo de alta que começa em 2016, segue para a pandemia de 2020, e retoma até o topo em 2024. Saltamos de 564.024 pessoas físicas para 13,1 milhões (números não atualizados para 2024). A demanda para falar, explicar, noticiar e ensinar sobre o mercado financeiro acompanhou a alta. Pelo sim, pelo não, a bolsa voltava a se popularizar.

Uma janela paralela se abriu. Um tempo antes desse processo, eu ainda não tinha me dado por satisfeito, quando fiz um curso que acrescentou pouca coisa no meu INCRÍVEL ACERVO QUE NÃO TENHO BOLAS PARA USAR, quando conheci de "oi como vai" um futuro e promissor *cara que entendeu o jogo*". Vou me referir desse modo para evitar a fadiga, principalmente as jurídicas.

Acidentalmente ouvi ele reclamar que estava vendendo uma parte dos móveis do escritório para pagar as contas. Não sei se era uma figura de linguagem ou se realmente era isso. Tempos depois, nessa janela de oportunidade, *o cara que entendeu o jogo* era o maior vendedor de conteúdo do mercado financeiro. Um conhecimento picado em PDF, muito barato e escalável através de tráfego pago da internet. *Touché*!

Por outro lado, a vida de likes conseguiu garantir aos influencers uma remuneração pela própria audiência, sem ter a necessidade de entregar algo minimamente significativo. O charlatanismo segue um padrão de ostentação cafona, psicologia vagabunda, esoterismo, *mindset* e uma capacidade incrível de te prender por três horas no YouTube sem entregar nada, apenas frases de efeito, dramatizações de superação e iscas para alimentar o modelo de negócio do charlatão.

Como fazer *trade* pode, em certa medida, esculachar a sua autoestima por causa de resultados ruins, às vezes dá certo. Para eles.

Enfim, arrasta para cima e preencha o link, quem nunca?

FARIA LIMER

CONFESSO QUE ANDAR PELA FARIA LIMA me causa alguns sentimentos. Fiquei com o olhar resignado quando vi aqueles moleques de calça cáqui, camisa azul e coletinho *puffer*, orgulhosos de vender renda fixa bosta para algum desavisado, ou porque fizeram mil pontos no *day trade* direto da mesa de operações com o mercado acima de 100.000 mil.

No entanto, prefiro a inexperiência prepotente à terra devastada por conjecturas político-econômicas que só permitem a sobrevivência de experts cascudos traficando influência e acordos debaixo dos panos. O condado, como é jocosamente chamada a Faria Lima, é hoje um mosaico de gerações. Ainda há Baby Boomers, e as gerações X, Y, Z, em linhas gerais, com uma certa hierarquia, baseada no currículo, especialização, vocação e experiência, compõem as empresas.

Mas fico realmente feliz que a bolsa e as corretoras sejam popularizadas. Isso é um modo da própria população financiar o seu capitalismo, e só possibilitado dentro de algum crescimento econômico. Obviamente, ainda há muito o que se desenvolver.

No começo de 2024, assisti a uma palestra reunindo algumas das maiores corretoras do mundo, voltadas a fisgar os milionários e bilionários brasileiros que se sentem ameaçados pela incúria do governo atual, todas expondo a vastidão do mercado global. Fazendo uma conta de padaria, a soma das 11 ou 12 maiores corretoras de valores do mundo equivale a 10 vezes o PIB brasileiro, ou se pararmos para pensar, atualmente Google, Apple, Nvidia e Microsoft cada uma, superaram em 1,7 vezes o nosso PIB, tendo sobrado a Amazon com um valor quase equivalente ao mesmo.

Em conta-gotas, a "Faria Limers" inevitavelmente deverá oferecer o mercado exterior de modo menos elitizado. Ricos de verdade não se apertam e detêm contatos e instrumentos legais que os colocam acima do cotidiano tragicômico da nossa economia. Pelo sim, pelo não, há um mercado de CPFs para ser conquistado e explorado das mais variadas formas e muita gente entrou na renda variável, e felizmente com um pouco de disposição há material de boa qualidade circulando.

DEIXANDO DE SER SARDINHA

DURANTE UM TEMPO DESNECESSARIAMENTE alongado, uma pergunta que me atormentava para as minhas decisões era: Perder ou deixar de ganhar? Isso acontece porque é muito fácil entrar num círculo vicioso entre a insegurança operacional e instabilidade emocional. Elas perniciosamente se alimentam. Este ciclo só é possível ser quebrado quando o seu risco está dentro das suas possibilidades e quando o prazo operacional está ajustado à sua capacidade de análise.

Ainda que a granel, dá para tirarmos conselhos dos grandes operadores:

1º VOCÊ NÃO ESTÁ NUM CASSINO

Parece óbvio, mas não é. Pare de movimentar o seu capital desnecessariamente. Mercado tem todo dia e uma boa análise, decidida de maneira racional, com metas e objetivos claros, costuma ser vitoriosa, ou na pior das condições, os prejuízos estarão dentro do esperado.

2º ACEITE SUAS LIMITAÇÕES

Se você está nervoso, pare.

Se você faz pela adrenalina, pare.

As duas combinações, cada uma à sua maneira, acabará com o seu dinheiro.

3º *DAY TRADE* NÃO É PARA TODO MUNDO

Se você já investiu um tanto, e não saiu do zero a zero na melhor das hipóteses, foge, Bino! É cilada! Em 2017 saiu um estudo polêmico da GV que demonstrou que 97% dos *day traders* perdem dinheiro. Alguns professores borbulharam igual sal de frutas, e alegaram que para tudo há exceções. Sem dúvidas! Resta saber quanto de dinheiro, paciência e tempo você tem para se tornar uma exceção. Por conta e risco, como tudo na vida.

4º VOCÊ NÃO É MAIS ESPERTO QUE O RESTANTE DO MERCADO

John Bogle

5º VALOR É DIFERENTE DE PREÇO

Comprar porque está em centavos ou sair porque subiu demais são critérios ruins. Entender um pouco de análise fundamentalista vai ajudá-lo a compreender se a empresa está em situação de desenvolvimento ou numa pindaíba. Lucros crescentes, aumento de capital, endividamento controlado, Preço/Lucro, Preço/Valor Patrimonial entre outros indicadores vão iluminar seus critérios sobre cotação.

6º A.L. BROOKS

Se você quer entender análise técnica, qualquer livro desse cara é um antídoto contra a picaretagem dos *"arrasta para cima"*.

7º ROBÔS

Podem ser eficientes se o seu *trade system* for eficiente, nunca esqueça desse detalhe.

8º VOCÊ NÃO TEM O TELEFONE DO BARSI

Quando as pessoas olham os figurões do investimento, o primeiro passo é copiar a carteira de ações que eles montaram. Provavelmente, se este for o único critério escolhido, haverá um erro de *"time"* e seu dinheiro pode patinar ou diminuir. Na pior das hipóteses, motivado pela genialidade ocasional ou segurança ingênua, você poderá aumentar as compras e descobrir que o "tubarão" não carrega mais aquela posição e, para você, só restou casca de bala. Não temos acesso a quando eles compram, nem quando vendem. Carteira você monta depois de estudar e se baseia em análise técnica e fundamentalista, ou pague um profissional que o faça e que cobre pela taxa de desempenho. Como eu disse, nós não temos o telefone do Barsi.

9º FAÇA *HEDGE*

Operar *hedge* consiste em poucas operações e se remunerar em tendências de baixa sem se desfazer da carteira. Fundos fazem. Faça também.

CONSIDERAÇÕES FINAIS

ATUALMENTE, ME ADAPTEI EM GRÁFICOS de tempo maior. Diário. Se eu vejo uma oportunidade gritante, faço *intraday* em 30 minutos e cinco minutos. Tenho como pilar de operação *Price Action*, mantenho a carteira num misto de análise fundamentalista e técnica. Sigo apenas uma média. Opero apenas em dias que realmente estou seguro e sem dúvidas de qualquer variável. Repito, mercado tem todo dia, não se afobe ou opere por operar.

Desconfie das ostentações cafonas. Os caras realmente bons que eu conheci no mercado eram operadores discretos, nerds e muito analíticos. Existe muita gente séria no mercado financeiro, que te explica como trabalhar de maneira menos amadora ou quase profissional, guardadas as devidas proporções.

Veja, eu não quero generalizar minha errante, assoberbada e insignificante trajetória como se todos fossem trilhar o mesmo caminho. Mas ela é bem mais comum do que se parece. As estatísticas estão em todos os lugares. Admite quem quer. Cometendo um *sincericídio*, eu gostaria que o Clauber de hoje encontrasse o Clauber daquela época e dissesse que o canto da sereia costuma nos afogar pela curiosidade e não pela beleza. Eu teria uma retrospectiva menos dolorosa. Minha confiança e dinheiro voltaram de forma lenta e gradual. Com bons olhos, dá até para dizer que é um final feliz, um pouco de sorte, persistência, e reconhecimento dos limites pessoais.

Esses últimos 15 anos me fizeram adulto e senhor de 50 anos. Fui industrial, passei pela sociologia, direito, economia e marketing. Formalmente estudado. Posso dizer que estou experiente e maduro, que é o mesmo que um velho em estado de negação. Eu li sei lá onde, que a experiência é uma metáfora para um amontoado de erros que cometemos na vida, e que tentamos vendê-la por um preço muito maior do que realmente vale. Quase uma bolsa de valores...

CLAUBER REIS Empreendedor, formado em Marketing, estudou Ciências Sociais e Direito, e é apaixonado por Economia.

Publique seu livro:

Conheça os livros da Editora Ases da Literatura em
www.asesdaliteratura.com

Milton Keynes UK
Ingram Content Group UK Ltd.
UKHW040835141024
449705UK00006B/247

9 786554 286770